벌거벗은 순례자

벌거벗은 순례자

초판 1쇄 인쇄일	┃ 2013년 9월 27일
초판 1쇄 발행일	┃ 2013년 9월 28일
지은이	┃ 홍혁기
펴낸이	┃ 정구형
편집이사	┃ 박지연
책임편집	┃ 이하나
편집 / 디자인	┃ 신수빈 윤지영 이가람
마케팅	┃ 정찬용 권준기
영업관리	┃ 심소영 김소연 차용원 김지은
인쇄처	┃ 미래프린팅
펴낸곳	┃ 북치는마을

등록일 2006 11 02 제2007-12호
서울시 강동구 성내동 447-11 현영빌딩 2층
Tel 442-4623 Fax 442-4625
www.kookhak.co.kr
kookhak2001@hanmail.net

ISBN	┃ 978-89-93047-56-1 *03230
가격	┃ 12,000원

벌거벗은 순례자

그림·글 홍혁기

북치는마을

우리는 길손과 나그네입니다

소설가 정연희

　지구라는 별에 태어날 때, 우리는 울음을 터뜨리며 그것으로 생명체의 호흡을 얻었습니다. 창조주께서 "흙으로 사람을 빚으신 뒤에 그 코에 생기生氣를 불어넣으시니 사람이 생령生靈이 되니라"(창 2:7) 하셨고, 부활하신 예수께서 안식 후 첫날 저녁 때에 제자들이 모인 곳이 오셔서 "너희에게 평강이 있을지어다 … 말씀하시고 그들을 향하사 숨을 내쉬며 이르시되 성령을 받으라 너희가 뉘 죄든지 사하면 사하여질 것이요 뉘 죄든지 그대로 두면 그대로 있으리라"(요 20:21, 22) 하셨을 때, 우리는 우리를 향하여 숨을 내쉬시는 예수 그 분의 숨결을 이어받으며 영생을 얻었습니다.

　그러나 이 땅에 머물러 우리에게 맡겨진 일을 수행하는 동안 우리는 모두 나그네입니다. "주님 내 기도를 들어주십시오. 내 부르짖음에 귀를 기울여 주십시오. 내 눈물을 보시고 잠잠히 계시지 말아주십시오. 나 또한 나의 모든 조상들처럼 떠돌면서 주님과 더불어 살아가는 길손과 나그네이기 때문입니다"(시 39:12)

　우리가 우거하고 있는 이곳은 우리 집이 아닙니다. 우리는 길손과 나그네입니다. 우리는 하늘나라로 돌아가야 합니다. 무화과 잎이 쓸 모없는, 감출 것도 없고 수치도 없는 에덴으로 돌아가야 합니다. 아담 과 하와가 벌거벗은 것을 부끄러워하게 되었을 때 여호와께서는 시 들어 못쓰게 된 무화과 잎을 걷어내시고 가죽옷을 입혀주셨습니다. 그렇게 옷을 입고부터 우리는 내면을 숨기는 겉꾸밈이 생겼고, 한 겹 옷으로 만족 못하는 탐욕이 생겼고, 머리털 수효까지 세신바 되시는 그 분의 눈을 꺼려 그 분을 등지고 온갖 배신을 저질러왔습니다. 그 러나 하나님께서는 영원히 본향으로 돌아갈 수 없는 죄인인 우리를 위하여, 몸소 우리와 같은 육체로 오시어 우리를 구원하실 십자가를 지시고 피를 흘리셨습니다.

손 안에 지닌 것 없는 교회, 울타리 없는 교회, 말씀만 있는 교회, 천안 낮은교회의 홍혁기 목사는 구원 받고 에덴으로 돌아가는 우리 의 모습을 그리기 시작하였습니다. 걸친 것 없이, 부끄러움 모르고, 오직 예수님과 함께 어느 곳이건 그 분이 이끄시는 대로, 그 분의 손 을 잡고 가는 새로 태어난 우리의 행복을 그림으로 그리고 있습니다.

화가로 출발한 홍혁기 목사는 1980년대 초 복음을 받아들인 이래, 청빈을 숨쉬며, 벌거벗은 순례자의 길을 걸어오고 있습니다. 그가 그리는 그림은 꿈이 아닙니다. 이제는 덧입을 것 없이 벌거벗은 그대로 예수님의 손만 잡고 가는 순례자를 그리고 있습니다. 이 땅의 길손이며 나그네인 우리 모두의 천진한 모습을 그려내고 있습니다. 벌거벗은 순례자는 새로 태어난 우리의 모습입니다.

2011. 9 - 2012. 6까지 10개월간 국민일보에 기획특집으로 그림과 글이 연재되었던 『벌거벗은 순례자』가 이제 국학자료원에서 아름다운 책으로 발간되어 다시 한 번 평화롭고 행복한 우리의 모습을 볼 수 있게 되었음을 감사드립니다. 때를 같이 하여 서초교회 아름다운 전시관에서 『벌거벗은 순례자』 원화 전시회를 갖게 된다고 하니 감사와 기쁨이 두 배가 됩니다.

2013.8.23

신앙은 벌거벗고 주님을 따르는 것

2007년 사순절 어느 날, 주님은 기도하던 내 등을 떠밀어 붓을 놓은 지 너무 오래되어 가물가물하던 그림을 다시 그리도록 하셨습니다. 무엇을 어떻게 그려야할지 막막하기만 했습니다. 그러다가 무심코 그리게 된 것이 벌거벗은 아이였습니다. 다음에도 그 다음에도 벌거벗은 아이가 그려졌습니다. 그렇게 벌거벗은 아이를 몇 번 그리다가 그 옆에 주님이 그려지기 시작했습니다. 주님과 함께 어디론가 가고 있는 벌거벗은 아이 – 하지만 뭔가 빠진듯해서 추가로 그리게 된 것이 붉은 여우였습니다. 벌거벗은 아이와 주님은 평탄한 길보다는 숲속 오솔길, 혹은 들판이나 초원, 때로는 강을 건너기도 하고 험산 준령을 넘기도 하고 바다를 항해하기도 하고 사막을 걷기도 하며 봄 여름 가을 겨울을 걷고 또 걷고, 조금씩 성장해갔으며, 붉은 여우는 가까이 혹은 멀리 질투와 증오의 눈을 곤추세운 채 뒤따르고 있었습니다. 단순한 그림이라기보다 뭔가 이야기가 있는 그림이 계속 나왔습니다. 오래 전에 붓을 놓았다는 것이 믿기지 않게 그림이 잘 그려졌고, 단시일 내에 많은 양의 그림이 나왔습니다.

그림이 100점이 넘어가면서 그림에 이야기를 붙이기 시작했습니다. 벌거벗은 순례자는 그렇게 탄생했습니다. 그러면서 비로소 주님께서 왜 그림을 다시 그리도록 등을 떠미셨는지 깨닫게 되었고, 내용의 방향을 설정하게 되었습니다. 벌거벗은 아이는 저자이자 모든 성도임을 알게 되었고, 벌거벗은 아이가 주님과 함께 가는 길은 믿음의 순례의 길이고, 은밀하게 뒤따르는 붉은 여우는 사탄을 표현한 것임을 알게 되었습니다. 순례자가 벌거벗은 것은 사람의 심장을 감찰하시는 주님 앞에 숨길 것도 가릴 것도 없이 정직한 순례자의 자세를 말하며 얽매이기 쉬운 탐욕과 모든 죄를 벗어버려야 한다는 의미가 있음도 알게 되었습니다. 그렇게 해서 벌거벗은 순례자 첫 번째 이야기 『이끌어주심』이 나왔습니다.

이 책에 실린 그림과 글은 2011.9-2012.6까지 10개월간 국민일보에 연재되었던 것과 미발표작을 포함한 것인데, 목사로서 일간지에 매주 그림과 글을 연재하는 일은 쉬운 일이 아니었습니다. 더군다나 신문 한 귀퉁이에 실리는 것이 아니라 큰 지면을 채워야 했기 때문에 심적 부담도 컸습니다. 인쇄된 그림이 원화의 컬러, 명도 등에서 차이가 날 때는 그림을 일일이 스크랩하는 독자들 생각에 안타까웠던 적도 적잖았습니다.

그럼에도 불구하고 매회 그림과 글이 나갈 때마다 독자들께서 크게 호응해주시고 격려의 전화를 많이 해주셔서 힘을 얻어 기쁨으로 연재할 수 있었습니다. 무엇보다 주님께서 그림과 글을 독자들에게 치유의 도구로 사용하시는 것이 가장 기쁘고 감사한 일이었습니다. 주님은 벌거벗은 순례자를 통하여 주님의 따뜻한 사랑과 은혜를 최대한 잘 나타내도록 영감을 주셨고, 아울러 성도들의 믿음의 자세를 돌아보고 주님의 은혜를 바르게 누리도록 표현하는 영감을 주셨습니다.

신앙은 벌거벗고 주님을 따르는 것입니다. 그런데 우리는 너무 많은 것을 덧입고, 너무 많은 것을 끌어안고 주님을 따르는 것은 아닌지, 너무 많은 겉치레, 너무 많은 욕심, 너무 많은 근심 걱정 염려, 너무 많은 세상 보암직하고 먹음직하고 지혜롭게 할 만한 것들의 유혹을 떨쳐버리지 못하여 그것들이 무거운 짐이 되어 허덕이며 끙끙거리며 힘겹게 주님을 따르는 것은 아닌지, 진리가 너희를 자유롭게 하리라(요 8:32)고 주님께서는 말씀하셨건만 우리는 여전히 자유를 거부하면서 진리의 주님을 따른다고 하는 모순을 범하고 있지는 않은지 주님은 돌아보게 하셨습니다.

이번에 국학자료원에서 벌거벗은 순례자를 단행본으로 엮어 출간하게 된 일은 주님께서 벌거벗은 순례자를 지속적인 치유의 도구로 사용하시기 위하여 은혜를 베푸시는 것임을 확신하기에 더욱 기쁘고 감사합니다. 벌거벗은 순례자가 독자들과 재회할 생각을 하니 벌써부터 설렙니다.

출간을 결정해주신 국학자료원 정찬용 원장님과 정구형 대표께 감사드리고, 분에 넘치는 은혜로운 서문을 써 주신 소설가 정연희 권사님, 그리고 신앙의 순례길을 함께 가며 늘 기도와 격려를 아끼지 않는 사랑하는 교우들과 연재하는 동안 벌거벗은 순례자를 위해 기도해주신 독자들에게, 이 책이 나오도록 기도해주신 모든 이에게 감사드립니다. 또한 저자와 함께 산파역할을 해준 아내에게, 매주 원화 사진을 촬영하고 편집해준 사랑하는 아들 화목, 딸 화영에게도 감사한 마음을 전합니다.

2013.8.1 홍혁기

차례

시골버스

황혼녘 들판
시골버스 하나
울퉁불퉁 좁은 길
덜컹덜컹 소리 내며
기우뚱 기우뚱
달려갑니다.

차창 밖으로
두세 명의 승객들
흔들리는 버스 따라
장단 맞춰 흔들흔들
몸을 흔들며
졸고 있는 모습
보입니다.

그 모습 바라보시는
주님 눈길
오늘따라
더 깊고 따듯합니다.

그러나 슬픔이 담겨있는
눈길입니다.
수고하고 무거운
짐 진 자들아
다 내게로 오라
내가 너희를 쉬게
하리라(마 11:28)
말씀하시는 듯합니다.

수채화 90cm×24cm

나만 바라보시는 주님

주님은 한번도
내게서 눈을 떼시는 일이 없습니다.

나는 자주자주 한눈을 팔고
주님에게서 눈을 돌려
다른 것을 바라보지만
주님은 늘 나만 보고 계십니다.
싫증도 나지 아니하신가봅니다.

메밀꽃밭에 온통 정신이

팔려 있는 동안에도

주님은 나만 보고 계십니다(시 139:1-3).

주님은 졸지도 아니하시고

주무시지도 아니하시고

언제나 나만 지켜보고 계십니다(시 121:3-8).

72cm×28cm

주님의 향기

주님에게서는 향기가 납니다.
주님의 향기는 자작나무 숲
향기보다 더 깊고 오묘합니다.

주님의 향기는 생명에 이르는 향입니다(고후 2:16).
나는 주님의 향기가 좋습니다.
맡고 또 맡아도 좋습니다.

주님이 말씀하십니다.
너도 향기가 되어라.
너도 향기가 되어라.
향기 가득한 사람이 되어라(고후 2:15).

주님 그리되고 싶습니다.
그리되고 싶습니다.
주님 어찌해야 향기가 나나요?

주님이 말씀하십니다.
내 안에 거하라.
내 말 안에 거하라.
그리하면 이루리라(요 15:7).

90cm×24cm

주 님 이 더 좋 습 니 다

시리도록 청명한
시월의 하늘도 좋지만
나는 주님이 더 좋습니다.

소슬한 가을바람도 좋지만
나는 주님이 더 좋습니다.

74cm×30cm

가을빛 산자락
춤추는 억새꽃 무리도 좋지만
나는 주님이 더 좋습니다.

반갑다 손 흔드는
이름 모를 이들도 좋지만
나는 주님이 더 좋습니다.

산 위에 올라

산길 굽이돌아
등성이에 올라서니
멀리 넘어야 할 산
넘어야 할 고개
또 보입니다.

주님 이끄시는
믿음의 길은
넘어야 할 산
넘어야 할 고개
많기도 합니다.

그러나 주님 내 손 붙들고
두려워하지 말라
내가 너와 함께 하리라
내가 너를 굳세게 하리라
너를 도우리라
너를 붙들리라(사 41:10)
하시니
나 두렵지 않습니다.

90cm×24cm

주님의 품

주님의 품은
가을 햇살보다
더 부드럽고 따스합니다.

주님의 품은
대지의 품속보다
더 넉넉하고 아늑합니다.

주님의 품은
깊고 깊은 바다 속보다
더 고요하고 신비합니다.

주님의 품은
세상에서 가장 든든한 철옹성보다
더 안전한 피난처입니다.

주님의 품은
내 영혼과 몸의
가장 편안한 쉼터입니다.

주님의 품보다
더 행복하고 더 믿음직한 데는
세상 어디에도 없습니다.

2011. HK

30cm×70cm

아침바다

아침바다
외로이 떠 있는
조각배 하나.

밤 새워 낚싯줄
드리웠으나
헛고생만 했습니다.

지쳐 포기하려는데
주님 말씀하십니다.
저쪽으로 던져 보아라.

말씀 따라 낚싯줄 던져 보니
은빛 펄럭이는
고기 한 마리 올라옵니다.

한 마리, 또 한 마리…
힘이 납니다.
자꾸 납니다.

주님, 어찌하여
밤새껏 보고만 계셨나요?
진작 말씀해 주시지요.

기다리고 기다렸단다.
네 힘으로 고기 한 마리
잡을 수 없다는 걸 네가 알 때까지.

애야,
잡는 고기만 기뻐하지 말고
잡은 고기 잃을까 조심하여라.

90cm×24cm

주
님
내
발
걸
음
맞
추
시
니

내 발걸음은 너무 느립니다.
한심할 정도로 느립니다.
속 터질 정도로 느립니다.

울긋불긋 옷 갈아입고
손짓하는 가을 숲 보느라
느려지고

나뭇잎 바람 타고 공중곡예
돌고 돌아 사뿐 내려앉는 모습 보느라
느려지고

배꼽 움켜쥐고 떼굴떼굴
굴러가는 가랑잎 보느라
느려지고

여기 기웃 저기 기웃
하다가 느려지고
지치고 피곤하여 느려지고

돌에 부딪쳐 넘어져
주저앉아 심통 나서
느려집니다.

2011. HK

30cm×75cm

주님 그런 날 버려두고
혼자 가시지 않습니다.
내 발걸음 맞추어 가십니다.

한눈팔아도 기다려 주시고
주저앉아 심통 부려도 인내하시고
넘어지면 손 내밀어 주십니다.

주님 주님 내 발걸음
너무 느려 답답하시지요?
속 터지시지요? 혼자 가시고 싶지요?

그러고 싶다마는
내 그러지 못한다는 걸
너는 알지 못하느냐

네 걸음 느리다고 한심하다고
속 터진다고 나 혼자 갈 길이라면
시작도 안 했으리라

그 말씀하시며
주님 내 손 꼬옥 쥐어주시니
내 발걸음 새 힘이 솟아납니다(사 40:31).

너의 열매 보기를 원한다

애야,
보기 좋은 그 열매는
왜 애써 따느냐.

주님께 드려
영광 돌리렵니다.

애야, 아버지와 나를
오해하는구나.

그 나무는 그의 열매로
이미 아버지와 나를
영화롭게 하였고
들 풀꽃도
그의 영광으로(마 6:29)
아버지와 나를
기쁘게 하였구나.

아버지와 나는
너의 열매 보기를
원한다.

주님 주님
어찌하면 저의 열매를
주님께 드릴 수 있나요.

74cm×30cm

네 마음 좋은 땅 되어(마 13:8)
착하고 좋은 마음으로
말씀을 듣고 지키어
인내하여라(눅 8:15)
그리하면 되리라.

목마르지 않습니다

주님 주님
사슴이 시냇물을
찾아 나왔습니다.

저 사슴들을 보니
무엇이 생각나느냐.

하나님이여
사슴이 시냇물을
찾기에 갈급함 같이
내 영혼이 주를 찾기에
갈급하니이다(시 42:1)
입니다.

너도 목마르냐.

아닙니다. 이처럼

주님과 함께하며

주님 내 안에 계시고

나 주님 안에 있으니(요 15:4)

목마르지 않습니다.

성경에 내가 한 말을

항상 기억하여라.

내가 주는 물을 먹는 자는

영원히 목마르지 아니하리니

나의 물은 그 속에서

영생하도록 솟아나는

샘물이 되리라(요 4:14).

나는 생수의 근원이니라(렘 2:13).

90cm×24cm

주님과 함께 춤을

별빛도 보이지 않습니다.
달빛도 보이지 않습니다.
주님은 그런 밤이면
춤을 청하십니다.

삶에 지쳤습니다.
상하고 찢긴 심령이 되었습니다.
주님은 그럴 때면
춤을 청하십니다.

눈물이 흐릅니다.
슬픔의 베옷을 입었습니다.
주님은 그럴 때면
춤을 청하십니다.

캄캄한 절망이 사방으로 욱여싸고 있습니다.
앞이 보이지 않습니다.
주님은 그럴 때면
춤을 청하십니다.

사망의 음침한 골짜기를 지납니다.
어둠의 터널이 너무 깁니다.
주님은 그럴 때면
춤을 청하십니다.

2011. HK

30cm×75cm

살 소망이 끊어졌습니다.
한 방울의 힘도 나지 않습니다.
주님은 그럴 때면
춤을 청하십니다.

외롭습니다.
너무 외롭습니다.
주님은 그럴 때면
춤을 청하십니다.

춥습니다.
너무 춥습니다.
주님은 그럴 때면
춤을 청하십니다.

모닥불을 지피시고
춤을 청하십니다.
성령의 불이 타오릅니다.
뜨겁게 타오릅니다.

내 영혼이 뜨거워집니다.
주님과 함께 춤을 춥니다.
성령에 취하여 춤을 춥니다.
밤새도록 춥니다.

주님은 내 슬픔이 변하여

춤이 되게 하시고

내 베옷을 벗기시고

기쁨으로 띠 띠우십니다(시 30:11).

긍휼히 여기는 자 되게 하소서

주여
내가 전심으로 주의
은혜를 구하였사오니
주의 말씀대로
나를 긍휼히 여기소서(시 119:58).

주여
주의 말씀대로 나로
긍휼히 여기는 자 되어
복 있는 자가 되게 하소서(마 5:7).

주여
나로 입으로만 주여 주여
하지 말게 하시고 아버지
뜻대로 행하는 자
되게 하소서(마 7:21).

주여
나로 긍휼히 여길 자를 보고
지나치지 말게 하시고
긍휼히 여기는 자가
되게 하소서.

주여
나로 긍휼히 여길 자를
긍휼히 여기지 못하는
자를 비난치 말게 하시고
오히려
긍휼히 여기는 자가
되게 하소서.

74cm×30cm

주님 오신 밤

어두운 밤
하늘에서 눈이 내립니다.
소리 없이 내립니다.
소리 없이 내립니다.

세상 죄를 덮듯이
내 죄를 덮듯이
눈이 내립니다.
하얗게 내립니다.

죄로 누추한 영혼에
눈이 덮입니다.
순결한 눈이 덮입니다.
하얗게 덮입니다.

주홍 같은 내 죄가
진홍 같은 내 죄가
흰 눈 같이 희어집니다.
양털 같이 희어집니다(사 1:18).

어두운 밤하늘에
천사의 나팔 소리가 들립니다.
천사의 노래 소리가 들립니다.
교회의 찬송 소리가 들립니다.
지극히 높은 곳에서는
하나님께 영광이요
땅에서는 기뻐하심을 입은
사람들 중에 평화로다(눅 2:14).

90cm×24cm

고요한 밤입니다.
거룩한 밤입니다.
영광의 밤입니다.
주님 오신 밤입니다.

주여 새해에는

주여 또 해가 지고
해가 뜨고 있습니다.
한 해가 가고
한 해가 오고 있습니다.

주여 새해에는 이 땅에
평화와 안정을 이루게 하소서.
서로 나뉘어 다투고 헐뜯고
싸우고 미워하지 말게 하소서.

주여 새해에는 이 땅을
온전히 지켜 보호하소서.
주님의 뜻을 이 땅에 이루시고
영광을 드러내소서.

주여 새해에는 온전히
벌거벗고 주님을 따르게 하소서.
죄와 무거운 것을 벗어버리고(히 12:1)
믿음의 선한 싸움을 싸우게 하소서(딤 6:12).

주여 뒤에 있는 것은 잊어버리고
앞에 있는 것을 잡으려고 푯대를
향하여 주님 안에서 하나님의 부르신
부름의 상을 위하여 힘써 달려가게 하소서
(빌 3:13-14).

30cm×75cm

주여 새해에는 더욱 힘써
주님의 말씀을 가까이 하게 하소서.
주의 말씀은 내 발에 등이요
내 길에 빛이니이다(시 119:105).

주여 새해에는 더욱 힘써
인내를 온전히 이루게 하소서.
그리하여 온전하고 구비하여 조금도
부족함이 없게 하소서(약 1:4).

주여 새해에는 더욱 힘써
믿음으로 구하고 조금도 의심하지
말게 하소서. 의심하는 자는 마치
바람에 밀려 요동하는 바다 물결
같으니이다(약 1:6).

주여 새해에는 우리의 지극히
거룩한 믿음 위에 자기를 건축하며
성령으로 기도하며 하나님의 사랑
안에서 자기를 지키게 하소서(유 1:20-21).

주여 새해에는 더욱 경건에
이르기를 연습하게 하소서. 육체의
연단은 약간의 유익이 있으나 경건은
범사에 유익하니 금생과 내생에 약속이
있음이니이다(딤전 4:8).

너희는 이전 일을 기억하지 말며
옛날 일을 생각하지 말라 보라 내가
새 일을 행하리니 이제 나타낼 것이라
너희가 그것을 알지 못하겠느냐 반드시
내가 광야에 길을 사막에 강을 내리라(사 43:18-19).

두려워하지 말라 내가 너와 함께
함이라 놀라지 말라 나는 네
하나님이 됨이라 내가 너를 굳세게
하리라 참으로 너를 도와주리라 참으로
나의 의로운 오른손으로 너를 붙들리라(사 41:10).

하나님의 전신갑주

주님은 벌거벗은 내게
옷을 입혀 주셨습니다.
주님이 입혀주신 옷은
보이지도 않고 만질 수도 없습니다.

주님이 입혀주신 옷은
권능의 옷입니다.
그 옷을 입고 있으면
원수가 나를 해치지 못합니다.

주님은 벌거벗은 내게
병기를 주셨습니다.
주님이 주신 무기는
보이지도 않고 만질 수도 없습니다.

주님이 주신 병기는
원수의 어떤 유혹과 궤휼과
공격도 싸워 이기는
강한 무기입니다.

주님이 입혀주신 옷과 병기는
하나님의 전신갑주입니다 (엡 6:11).
신령한 옷입니다.
권능의 병기입니다.

진리의 허리띠를 띠었습니다.
의의 호심경을 붙였습니다.
평안의 복음이 준비한
신을 신었습니다.
믿음의 방패를 가졌습니다.
구원의 투구를 가졌습니다.
성령의 검, 말씀의 검을
가졌습니다 (엡 6:14-17).

하나님의 전신갑주는
교만의 옷을 벗어야
권능이 나타납니다.
나를 버려야 권능이 나타납니다.

하나님의 전신갑주는
나를 의뢰하지 않고
세상을 의뢰하지 않고 오직
주님만 의뢰해야 사용할 수 있습니다.

하나님의 전신갑주는
탐욕의 옷을 벗고
이기심의 옷을 벗고
정욕의 옷을 벗어야 사용할 수 있습니다.

어쩌다 하나님의 전신갑주가
아무 힘도 아무 도움도 되지 못할 때가 있습니다.
탐욕 때문입니다. 이기심 때문입니다.
정욕 때문입니다.

주님과 함께 일구어 꽃을 피운
포도원을 헐기 위해 원수가
틈을 봅니다. 문틈을 비집고
들어오려 합니다(아 2:15).

하지만 내게 주님께서 입혀주신
하나님의 전신갑주가 있으니
원수는 포도원을 침입하지 못합니다.
우리의 포도원을 헐 자 없습니다.

주의 부드러운 손길

지치고 곤한
몸과 영혼 병이 되어
눕고 말았습니다.

천길 나락으로 떨어진
지친 몸 지친 영혼 어둠의
골짜기를 헤맵니다(시 23:4).

말씀은 눈에서 귀에서
멀어지고 주의 사랑은
의심의 먹구름에 가려졌습니다.

주님 날 사랑하시나요.
주님 날 사랑하시나요.
연약한 믿음 바다물결이 되었습니다(약 1:6).

의심은 고통을 낳고
고통은 신음을 낳고
신음은 절규가 되었습니다.

주여 나 좀 살려주세요.
주여 나 좀 살려주세요!
주여 나 좀 살려주세요!!

어찌 나를 멀리하시며
어찌 나를 돕지 아니하시며
어찌 나를 버리십니까(시 22:1).

어찌 내 신음소리를 듣지
아니하시며 낮에도 부르짖고
밤에도 잠잠하지 아니하나 침묵하십니까(시 22:2).

내가 너와 함께 한다는 것을(사 43:2)
내가 너를 위해 죽기까지 했다는 것을
왜 생각하지 못하느냐(롬 5:8).

어찌 내 사랑을 의심하느냐
내가 너에게 준 것은 두려워하지
않는 마음과 능력과 사랑과 근신하는 마음이니(딤후 1:7)

믿음에 굳게 서서 강건하여라(고전 16:13).
내가 너를 더 온전하게 하며 굳세게 하며
강하게 하며 견고하게 하리라(벧전 5:10).

주님 내 손 잡아주시니
내 병든 몸 병든 영혼
소생되었습니다.

2012. HK

74cm×30cm

희希**망**望 눈보라가 몰아칩니다.
사정없이 휘몰아칩니다.
앞이 보이지 않습니다.

벌거벗은 나무들이 휘청거립니다.
부러질 듯 부러질 듯 휘청거립니다.
휘~~잉 휘~~~잉

네가 어딜 가?
이래도 가?
이래도 가?

얼굴을 마구 할큅니다.
온 몸과 영혼을 때립니다.
얼얼하도록 때리고 할큅니다.

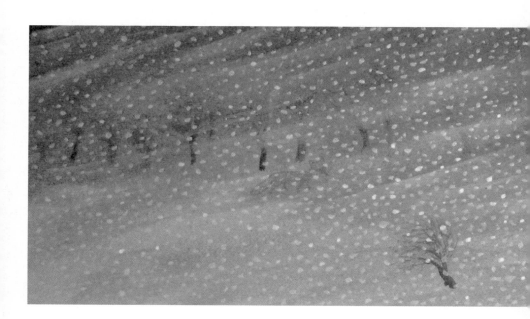

눈보라와 맞서 싸웁니다.
눈보라를 뚫고 나아갑니다.
한 발 한 발 앞으로 나아갑니다.

눈보라를 뚫고 나아가면
희망이 기다리고 있습니다.
소망이 기다리고 있습니다.

벌거벗은 나무들이
새순을 낼 수 있는 것은
혹독한 눈보라를 견딘 때문이듯

눈보라는 견디기 힘든
시련이나 시련은 연단을
연단은 소망을 이룹니다(롬 5 : 5).

90 cm × 24 cm

염
려
하
지
말
고
두
려
워
하
지
말
라

희망을 품고 여기까지
왔더니 더 큰 것이
앞을 가로막고 있습니다.

아 아
이제는 더 이상 앞으로
나아갈 힘이 남아있지
않습니다. 주저앉고 싶습니다.

네 앞에 무엇이 가로막고
있더라도 두려워하지 말라
염려하지 말라. 이제까지
네 힘으로 여기까지 온 것으로
생각하지 말라.

내가 너와 함께 하지 않느냐.
내가 너를 붙들고
내가 너에게 힘을 주어
여기까지 왔다는 것을
기억하여라.

주여 쉬운 길은 없나요.
제발 쉬운 길로 가게 해 주세요.
왜 이렇게 어려운 길로
저를 이끌어 가시나요.

30cm×72cm

쉬운 길은 없단다. 넓고 편한
길은 멸망의 길이요 좁고 협착한
길은 생명으로 가는 길(마 7:13-14)
이란 내 말을 잊었느냐.

주여 굳이 이러한 길로
가야 하는 까닭이 무엇입니까.

이러한 길로 가지 않으면
네가 강해질 수 있겠느냐.
철이 들 수 있겠느냐.
겸손해 질 수 있겠느냐.
나를 의지할 수 있겠느냐.
네 힘으로 가려고 하지 않겠느냐.
고통과 시련을 당하는 사람을
이해할 수 있겠느냐.
정금 같이 될 수 있겠느냐(욥 23:10).

산을 하나 넘을 때마다
강을 하나 건널 때마다
언덕을 하나 넘을 때마다
눈보라와 사투를 벌일 때마다
비바람과 싸울 때마다
폭풍우를 견딜 때마다

네가 얼마나 강해졌는지
네가 얼마나 겸손해졌는지
네가 얼마나 성숙해졌는지
너의 모난 데가 떨어져 나갔는지
네가 얼마나 빛이 나는지
너는 아느냐.

저 눈 덮인 바위산 뒤에
또 무엇이 기다리고 있을지
염려하지 말고 두려워하지 말라.
너를 위한 것이 기다리고
있을 뿐이란다.
나는 너의 방패요 네 영광이요
네 머리를 들게 하는 자니라(시 3:3).

낮은 곳으로 내려가라

천신만고千辛萬苦 끝에
높은 곳에 올랐습니다.
우뚝 선 발 아래로
세상이 보입니다.
천국만 같습니다.

다시 낮은 데로 내려가기
싫습니다. 여기서 주님과
오래오래 머물고 싶습니다.
여기가 좋습니다.
내려가지 않겠습니다.

거친 광야도 싫습니다.
어두운 골짜기도 싫습니다.
고갯길 넘는 일도 지쳤습니다.
부대끼고 상처받고 아프고
눈물 흘리는 데로 내려가지
않겠습니다.

주님 내 어깨에 손 얹으시며
내려가자 하십니다.
다시 내려가야 한다 하십니다.
오래 머물 데가 아니라 하십니다.
갈 길이 멀다 하십니다.

30cm×75cm

주님과 높은 산에 올랐던
사랑하는 제자 베드로 야고보
요한을 기억하라 하십니다.
그들도 다시 내려가지 않았느냐
하십니다(마 17:1-9).

하늘 본향을 향한 나그네 길은
한 곳에 안주하는 것이 아니라
하십니다.
이 땅에 안주할 곳은
없다 하십니다(히 11:8-10).

성취감에 취하지 말라 하십니다.
성취감은 물거품이라 하십니다.
성취감에 취하면 넘어진다
하십니다(고전 10:12).
하마터면 넘어질 뻔 했습니다.

주님 높은 산이라도 좋습니다.
거친 광야라도 좋습니다.
어두운 골짜기라도 좋습니다.
고갯길 넘고 넘는 일도 좋습니다.
부대끼고 상처받고 아프고
눈물 흘리는 데라도 좋습니다.
주님과 함께라면 어디든 좋습니다.
주님과 함께 하는 곳이 천국입니다.

이런 날도 있습니다

비바람 거세게 몰아치는
날만 있는 게 아닙니다.
눈보라 사납게 몰아치는
날만 있는 게 아닙니다.

험한 산 힘겹게 넘는 날만
있는 게 아닙니다.
깊은 강 위태하게 건너는
날만 있는 게 아닙니다.

손톱 곤추 세운 매서운 추위와
싸우는 날만 있는 게 아닙니다.
불같은 더위와 싸우는 날만
있는 게 아닙니다.

캄캄한 골짜기를 지나는
날만 있는 게 아닙니다.
지치고 힘겨운 날만
있는 게 아닙니다.

이런 날도 있습니다.
꿈같은 날도 있습니다.
주님과 함께 봄꽃 만발한
동산을 거니는 날도 있습니다.
실바람 한줄기 스치는
바위에 걸터앉아 주님과
함께 고즈넉이 봄하늘
바라보는 날도 있습니다.

주님이 앉으신 바위는
왕의 상床이고 주님의
몸에서는 몰약 향이 납니다(아 1:12-13).
나도 왕의 상床에 앉았습니다.
이런 날도 있습니다.
꿈같은 날도 있습니다.

90cm×24cm

별
과
같
이
빛
나
리
라

사랑하는
주님 품에 기대어
밤하늘을
우러러봅니다.
흩뿌려진 보석처럼
반짝이는 별들이
하늘에 가득합니다.

세고 또 세어도
다 셀 수 없는 별들 중
가장 빛나는 별 중의 별이
있습니다.
그 별은 광명한 새벽별
우리 주님입니다(계 22:16).

주님은 저 많고 많은 별들보다
먼저 계신 분입니다.
해와 달과 별을
지으시고 운행하십니다.
하지만 지극히 높은 별들보다
낮고 낮은 이곳으로 오셨습니다
(빌 2:6-8, 골 1:16-17).

2012 HK

30cm×75cm

주님
그 영광 다 어찌하시고
이 낮은 곳으로 오셨나요.

내 너희를 죽기까지 사랑하여
여기에 왔노라(롬 5:8).
흑암의 권세 아래 신음하는
너희를 구하여
별보다 높고 찬란한
영광의 내 나라에
옮기기 위하여
여기에 왔노라(골 1:13).

이 세상 빛으로 오신 주님(요 1:4-10)
우리에게도
빛이 되라 하십니다.

주님 어찌 우리에게
빛이 되라 하시나요
빛은 오직 주님뿐이어늘.

너희가 내 안에 있으면
너희도 빛이 된단다.
내 안에서 착한 행실로
나를 증명하여라.
그리하면 빛이 되리라(마 5:16).

아벨, 노아, 아브라함, 요셉, 모세,
욥, 다니엘…
그들이 나와 내 아버지의 빛으로
빛나는 것을 기억하여라.
저 하늘에 빛나는 뭇별처럼
셀 수 없는 사람들이 내 빛으로
세상을 비추는 것을 기억하여라.

많은 사람에게
내 의義의 빛을 비추어
생명길로 돌아오게 한 자는
별과 같이 영원토록 빛나리라(단 12:3).

너희도 저 빛나는 뭇별처럼
세상을 비추는 빛이 되어라.

욕심 많은 스승

주님은 늘 말씀을
가르쳐 주십니다.

빛과 어둠은 어떻게 시작되었는지
땅은 어떻게 생겨났는지
하늘과 바다는 어떻게 생겨났는지
생명들은 어떻게 시작되었는지
사람은 어떻게 생겨났는지
사람은 왜 타락했는지
죄가 무엇인지 죄의 대가가 무엇인지

하나님은 누구이며

인간은 누구이며

나는 누구인지

주님은 왜 세상에

오셔야 했는지

믿음은 무엇이며

속죄는 무엇이며

의는 무엇이며

구원은 무엇이며

나는 왜 벌거벗고

주님을 따라야 하며

어디로 가고 있는지

가르쳐 주십니다.

74 cm × 30 cm

사랑은 무엇이며

세상에서 제일 큰 힘은 무엇이며

세상에서 제일가는 보화는 무엇이며

무엇을 위하여 살아야 하며

어떻게 살아야 하는지

진리는 무엇이며

자유는 무엇이며

책임은 무엇이며

무엇을 위하여 심고

무슨 열매를 거두어야

할지를 가르쳐 주십니다.

복습에 복습을 더하게 하시고

마음에 새기라 하시며

배운 대로 행하라 하시며

몸소 행하심으로 본을 보여 주십니다(요 13:14-15).

주님 어느 때까지 배워야 하나요.

네가 온전한 사람을 이루어

나의 장성한 분량이 충만한 데까지

이르도록(엡 4:13) 가르치리라.

주님은 욕심 많은 스승입니다.

순례자의 고뇌

무엇 때문에 괴로워하느냐

주여 내 마음 깊은 곳의
죄 때문입니다.

정욕을 버렸노라 생각했으나
여전히 정욕의 지배를
벗어버리지 못하고 있습니다.
벌거벗고 주님을 따르노라
하면서도 실상은 많은 것을
벗어버리지 못했습니다.

마음은 청결하지 못하고
여전히 누추한 것에
오염되어 있습니다.
겉모양은 겸손한 듯하나
속은 교만이 가득합니다.

주님만 바라본다 하면서
틈만 나면 부지런히
세상을 두리번거립니다.

입술은 이타적인 듯하나
마음은 이기적입니다.

30cm×75cm

입으로는 사랑을 강조하나
울리는 꽹과리에 불과합니다(고전 13:1).

입으로는 믿음을 말하나
작은 일에도 염려하고 근심하여
바다물결 같이 흔들립니다.
겉은 경건으로 치장했으나
경건의 능력은 속 빈 강정입니다.

갈 길은 먼데…
앞으로 나아가지 못하고 있습니다.

너의 참 모습을 자각하게 되었으니
마음이 놓이는구나.
너의 참 모습을 자각하지 못하면
소망이 없다만
참 모습을 볼 수 있으니 소망이 있구나.

죄란 악하고 끈질긴 것이란다(롬 3:9-18).
죄를 쉽게 이길 수 있다면
내가 무엇 때문에
십자가에 못 박혀 죽기까지 하였겠느냐.
네 스스로 죄를 벗어버릴 수 있다면
나를 믿을 필요가 있겠느냐(롬 1:17).

죄는 너 스스로 이길 수 없는 것임을
기억하여라.
이미 너의 죄는 내가 십자가에서
속죄하였느니라(요 19:30).

그러나 믿음의 순례 길을 가는 동안
죄를 가벼이 여기지 말고
죄와 피 흘리기까지 싸워야 하느니라(히 12:4).
너 혼자 힘으로 능히 싸워
이기지 못하리니 내 안에 거하며
내 말에 순종하며 나를 의지하여라.
내가 너를 도우리라.

그리하면 조금씩 조금씩 나아지리라.
조금씩 거룩해지리라.
조금씩 나를 닮아가리라.
조금씩 나의 성품에 참여하리라.
그리하여 넉넉히 내 나라에
들어가게 되리라(벧후 1:3-11).

잠자는 순례자

주님과 함께 길을 가다가
잠자는 순례자를 만났습니다.

주여 저 순례자는
어쩌다 저렇게 되었나요.
술에 취했나요.
잠에 취했나요.

삶의 무게에 짓눌려 쓰러졌나요.
믿음의 시련(약 1:3)을
인내하지 못하나요.

상처의 아픔 때문인가요.
믿음 소망 사랑(고전 13:13)을
잃은 때문인가요.
무엇에 절망했나요.

옛 사람(엡 4:22-24)을 벗지 못해
좌절하여
스스로 학대하는 것인가요.
붉은 여우의 포로가 되었나요.

너도 저와 같이
되지 않도록 조심하여라.
믿음과 성령으로 충만하여라(행 11:24).
굳은 마음으로 내게 붙어있으라(행 11:23).

세월을 아끼라 때가 악하니라(엡 5:15).
정신을 차리고 근신하여
기도하라(벧전 4:7).
하나님의 전신갑주를 입으라(엡 6:11).

주여 저 어둠 속을 헤매는 형제를
일으켜 주옵소서.
긍휼히 여겨주옵소서.

피폐하고 지친 저 영혼과
몸을 만져주옵소서.
상처를 치유해 주옵소서.
회복시켜 주옵소서.

저 형제에게 소망이 있음은
주님께서 사랑하심입니다.
빛을 비추심입니다(엡 5:14).

2012. MK

74cmX30cm

은혜의 바다

주님에게서
생수가 흘러나옵니다.
주님의 생수는
영생을 주는 생수입니다(요 4 : 14).

주님의 생수는
뭇 생명을 살리는
생명의 강이 되어
바다를 이루었습니다(겔 47 : 18).

주님의 생수는 생명의 바다입니다.
측량할 수 없는 은혜의 바다입니다.

은혜의 바다에
발을 담갔습니다.
몸을 담갔습니다.
점점 깊은 데로 들어갑니다.

은혜의 바다에 몸과 영혼을 맡깁니다.
생명의 바다에 인생을 띄웁니다.

은혜의 바다는 망망합니다.
생명의 바다는 광대합니다.
깊이를 알 수 없습니다.
넓이도 알 수 없습니다.

하지만 이것만은 알 수 있습니다.
은혜의 바다에서
주님과 하나 되어 (롬 6:3 -5)
내 영과 혼과 몸이 거룩하고
온전하게 되리라는 것을 (살전 5:23).
영화롭게 되리라는 것을 (롬 8:18).

90 cm × 24 cm

붉은 여우의 탄식

크흐흐흐흑!
저 원수들이 유유히
어둠의 터널을
통과하는 꼴을
도저히 못 보겠네.

그 동안 몇 번이나
태클을 걸었건만
넘어질 때마다 저것이
주여 주여 하니까
저 원수가 일으켜 주더라고(시 37 : 24).

저것은 원래
내 포로였는데
저 원수가 빼앗아 가더니(엡 2 : 2 - 5)
둘이 십자가에서 하나로
연합되었다면서(롬 6 : 3 - 5)
도무지 떨어질 줄 모르네.

거친 태클도 소용없고
달콤한 유혹도 소용없네.
오히려 저 벌거벗은 것이
더 똑똑해지고 강해지기만 했네.
저 성큼 자란 것 좀 봐.
그 꼬맹이던 것이.

30cm×75cm

2012.HK

84
—
85

꼬맹일 적에 단숨에
다시 끌어왔어야 했어.
크흐흐흐흑!
분하고 원통해!
절대로 포기 못 해!

나, 붉은 여우야. 사탄이야.
울부짖는 사자야 (벧전 5:8).
저 원수를 끝내 이길 순 없다만
궤휼과 심술은 날 당할 자 없지.
거짓의 아비라고 (요 8:44).

난 알아. 저 벌거벗은 것이
무엇에 약하고 힘을 못 쓰는지.
그걸 집중 공격하는 거야.
저 원수의 신중한 점을
노리는 거야.

저 원수는 벌거벗은 것의
요구를 그때 그때 들어주지 않고
신중하게 뜸을 들이더라고.
연단이니 인내니 절제니
거룩이니 경건이니 소망이니 하면서.
그게 무슨 대수라고.

저것이 힘들어하며 불평하는

꼴이란 … 가관이지.

불쌍해서 어쩌나.

그런데 저 벌거벗은 것이

커갈수록 나는 왜 점점

초라해지는 거지?

<u>크흐흐흐흑</u>!

부활의 노래

주님 가시면류관
머리에 쓰셨네.
세상 죄 한 몸에 지신
하나님의 어린 양이시네(사 53:7, 요 1:36).

주님 피투성이 되어
골고다 험한 언덕
사력을 다해 오르셨네.
피땀 흘리며 오르셨네.

가슴 치며 슬피 우는
여인들의 동정을 거절하셨네.
애통하며 회개하라
하셨네(눅 23:28).

주님 십자가에 못 박은
자들을 위하여 기도하셨네(눅 23:34).
함께 못 박힌 회개한 강도에게
낙원 약속하셨네(눅 23:43).

우리의 죄 나의 죄
사하시기 위해
영광의 몸 찢기셨네.
거룩한 몸 상하셨네.

물과 피 땀방울
남김없이 쏟으셨네.
아낌없이 주셨네.
마지막 한 방울까지.

우리를 위하여 죽기까지
아버지 뜻에 복종하시고(빌 2:8)
다 이루었다(요 19:30) 하셨네.

사망 권세 주님 가둘 수 없었네.
주님 사망 권세 밟으셨네.
우리를 위하여 밟으셨네.

그 영광의 새벽
주님 죽은 자들 가운데서
다시 살아나셨네(마 28:1-7).
홀연히 부활하셨네.

우리에게 영생 부활
주시려고 부활하셨네.
부활의 첫 열매로
살아나셨네(고전 15:20).

2012. HK

30cm×75cm

그 새벽 부활하신 주님
보지 못했으나 확신하네.
만져보지 못했으나 확신하네.
나 복된 자 되었네(요 20:29).

부활하신 주님
영광의 주님
찬란한 빛 가운데서 말씀하시네.

너희에게 평강이 있을지어다(요 20:21).

닮고 싶은 주님의 완급 조절

주님은
너무 서두르지도
너무 더디지도
아니하시며

너무 바쁘지도
너무 한가하지도
아니하십니다.

때로 정진을 위하여
후퇴하시고
때로 지혜롭게
우회하시며
완급 조절을 하십니다.

주님은
언제나 고요하시고
언제나 평화로우십니다.

부지런하시되
성급하지 아니하시고
경계하시되
긴장은 아니하십니다.

주님은
언제나 평강과 균형을
잃지 아니하시며
하실 일을 하십니다.

90cm×24cm

나는 너무 서두르고
너무 한가하며
너무 긴장하며
너무 지혜롭지 못하고
너무 더딥니다(눅 24:25).

주님의 완급 조절을
닮고 싶습니다.

신문에 무엇이 났느냐

신문을 펴 봅니다.
하루도 신문을 보지 않으면
답답하고 궁금합니다.

신문을 보아도
답답한 건 마찬가진데.
한숨이 절로 납니다.
세상이 어찌 되려는지.
나라가 어찌 되려는지.

주님은 짐짓 물으십니다.
신문에 무엇이 났느냐.
무슨 좋은 일이 있느냐.
다 아시면서.

주여 이 나라를, 세상을
바로잡아주십시오.
어찌하여 보고만 계시나요.

너희 자신부터 먼저
바로잡도록 힘써라.
너희는 나를 따른다면서
종종 내 뜻을 거슬러
엉뚱한 일을 벌이며
내 뜻인 양 하더구나.

2012 HK

30cm×75cm

너희가 너희 자신을 바로 보고
바로잡기에 힘써 보아라.
세상이, 나라가 지금보다
나아지리라.

너희부터 나라의
법과 질서를 지키고
공권력을 존중하고
나라와 세상에 대한
의무를 바르게 행하고(롬 13:1-7)
너희끼리 송사를 해결하며
불의를 버리라(고전 6:1-9).

너희가 세상의 본이 되고
감화를 끼쳐보아라.
나의 의를 나타내어라.
의를 위하여 핍박을 받아라(마 5:10-11).

지혜롭게 행하며
너희 말을 항상 은혜가운데
소금으로 고르게 함 같게
하라(골 4:5-6).

언제나 그러하듯이 주님은
세상 불의를 탓하기보다
우리 자신부터
바르게 하라 하십니다.

혹 떼려다 혹만 붙였습니다.

주
님
의

팔
베
개

진달래꽃 만발한 봄 동산에
주님 팔베개 하고(아 2:6)
누웠습니다.

진달래꽃들이 말합니다.
주님 저희가 아늑한
병풍이 되어 드리겠습니다.

제비꽃 수줍게 미소 짓는
풀밭이 속삭입니다.
주님 저희는 부드러운
침대가 되어 드리겠습니다.

한줄기 실바람이
품속을 스치며 속삭입니다.
주님 시원~하게 해 드릴게요.

실바람에 꽃잎들이
나풀나풀 날아와 노래합니다.
주님 영광 받으소서.
영광 받으소서.

부끄럽고 부끄러워
진달래꽃빛처럼
얼굴이 붉어집니다.
주님 팔베개가 송구합니다.

주님 부드러운 음성으로
말씀하십니다.

너는 나를 인 같이 마음에
품고 도장 같이
팔에 두라 (아 8:6).

네가 내 팔베개를 하는 것이
나를 사랑하는 것임을,
나를 위한 것임을 왜 모르느냐.
나는 내 팔 뿐 아니라
이미 내 모든 것을
너에게 주었느니라.

74cm×30cm

산마루에 앉아

산마루에 앉아
붉은 노을 바라보며
한숨 쉬어갑니다.

가고 또 가고
넘고 또 넘은 순례의 고갯길
지치고 피곤한 몸과 영혼
잠시 쉼을 얻습니다.

주님과 함께라면
그림 같은 산마루에서
노을 바라보며 풀밭에 누워
잠드는 것도 좋겠습니다.

노을의 아름다움은 잠시뿐
풀밭의 편안함도 잠시뿐
어둠이 밀려오고
서늘한 기운이 너를 감쌀 것이다.

노을의 아름다움에 취하지 말라
풀밭의 편안함에 취하지 말라
보이는 것은 순간이요
보이지 않는 것은 영원함이니라(고후 4:18).

2012. HC

30cm×75cm

너희는 이 세대를 본받지 말고
내 뜻이 무엇인지 분별하라(롬 12:2).
이 세대는 노을의 아름다움과
풀밭의 안락함으로
사람들을 취하게 하는구나.

어두운 밤이 밀려오기 전에
너는 너의 길을 재촉하라
쉬다가 아주 잠들지 말라.

너희는 어두움에 있지
아니하며 그 날이 도적같이
임하지 못하게 하라
오직 깨어 근신하라(살전 5:4,6).

너희는 밤에 속한 자가 아니요
낮에 속한 자니 근신하여
믿음과 사랑의 호심경을 붙이고
구원의 소망의 투구를 쓰라(살전 5:8).

저 붉은 여우를 조심하여라
네가 이 산마루 풀밭에 누워
아름다운 노을을 보며
잠들기를 기다리고 있구나.

주님의 교향시

바람이 불어와
보리밭을 흔듭니다.
보리밭이 물결 되어
출렁입니다.

쉬 -

솨 -

촤 -

바람에 따라
때론 잔잔하게,
때론 크고 시원한
가락으로 가슴을
휘감습니다.

주님의 창조의 세계는
주님의 교향악단입니다.
주님이 지휘하십니다.
지그시 눈을 감고
연주하십니다.

두둥실 구름이 지나다
내려다봅니다.
미루나무들이 숨죽이고
지켜보다 박수를 칩니다.

노래를 불러 봅니다

90cm×24cm

아름답고 오묘하여라
바람과 보리밭으로
교향시를 지휘하시고
연주하시는
주님의 솜씨 크고
크도다.

인내를 온전히 이루라

깊은 숲
말없이 서 있는 나무
하늘 높이 솟아있습니다.
늠름하게 솟아있습니다.

언제부터 이 자리에
서 있었을까요
백년일까요
이백년일까요.

눈보라는 몇 번 견뎠을까요
비바람은 몇 번 견뎠을까요
가뭄은 몇 번 견뎠을까요
온갖 해충에게 얼마나
시달렸을까요.

두껍디두꺼운 껍질
거칠고 투박한 껍질
완전한 갑옷 같네요.

그냥 이렇게 된 것이
아니란다
인내의 결과이지.

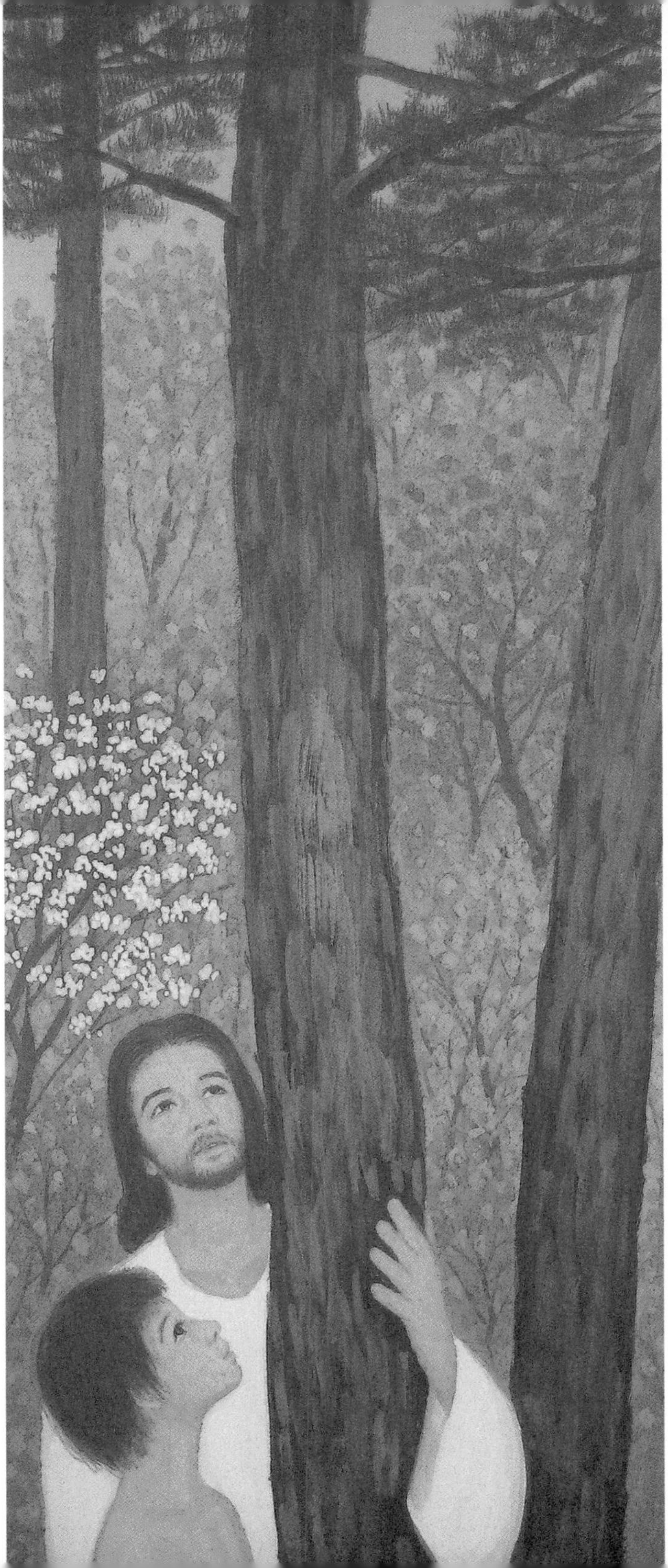

30cm X 75cm

인내할 때마다
껍질은 두꺼워졌고
눈보라와 비바람과
타는 듯한 태양열에
더 잘 견디게 되었지.

뿌리는 더 깊고 넓게
땅속으로 퍼졌고
수액은 더 풍부해졌지.
어떤 일이 생겨도
곧고 의연하게
서 있게 되었지.

너도 이처럼 모든 일에
인내하는 자가 되어라
인내를 온전히 이루라
이는 너희로 온전하고
구비하여 조금도 부족함이
없게 하려 함이라(약 1:4).

주
님

얼
굴

빛

주님 얼굴 빛
오월의 신록보다 아름답네
주님 얼굴
해 같이 빛나네(계 1:16).

주님 그 얼굴 빛
내게 비추시네(시 67:1)
어두운 세상 나라에도
비추시네.

나 눈을 들어
주님 바라보네(시 123:1-2)
주님 바라만 보아도 기쁘네
바라만 보아도 힘이 솟네
바라만 보아도 안심되네.

주님 얼굴 바라보며
주님 의뢰하네
강하고 담대함을 얻네.

산이 흔들려 바다 가운데 빠지든지
바닷물이 흉용하고 뛰놀든지
그것이 넘침으로 산이 요동할지라도
나 두려워 아니하려네(시 46:3).

주님 내게 물으시네
정녕 나를 사랑하느냐
정녕 나를 사랑하느냐
정녕 나를 사랑하느냐(요 21:15 – 17).

주님 사랑합니다
주님 사랑합니다
주님 사랑합니다.

74cm×30cm

하지만

주님 나를 사랑하시는

그 사랑엔

미치지 못하는 사랑인 줄

주님 아십니다(요 21:7).

미루나무 숲길

조각구름 한가로운 한낮
미루나무 숲길 지나네.

낮잠 즐기던 미루나무 숲
바람이 깨우네.
화들짝 놀란 미루나무들
시끌벅적 소란을 피우네.

주님 지나가신다
주님 지나가신다
저 벌거벗은 소년은 누구냐
주님 따르는 순례자지.

반색하는 미루나무
잎들이 일제히 박수를 치네.
짝짝짝
짝짝짝…

길가의 들꽃들도
흔들흔들 손 흔드네.
힘내요 순례자!

주님과 함께 가는 길
좁고 협착하지만(마 7:14)

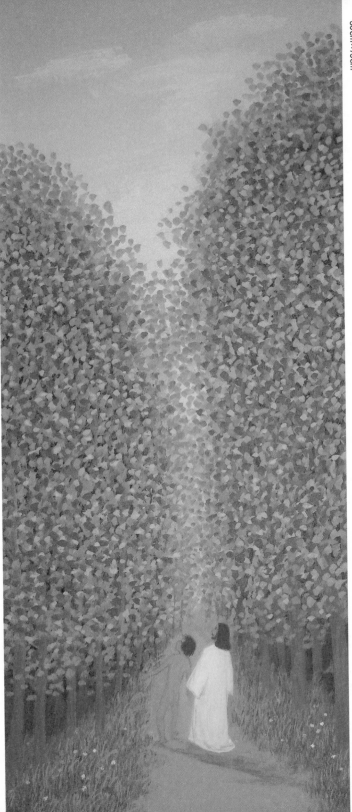

때론 힘들고 고단하지만
때론 즐거움도 기쁨도
기다리고 있네.

생각지 못한
위로와 격려가 있네.
곤한 영혼과 몸
새 힘이 솟네.

어두운 골짜기

어두운 골짜기 음험한
입속으로 걸어 들어가네.

주님 함께 가는 길
당연히 평탄할 줄 알았지.
밝고 행복한 무지갯빛 길만
펼쳐질 줄 알았지.

철없는 아이 같은 꿈
얼마 못 가 깨어졌지.
오히려 자주자주 어둡고
험한 골짜기를 걸어야 했지.

그때마다
철없는 아이처럼
불평했지
투정했지
원망했지
이게 뭐냐고.

주님 일깨워 주셨지
생명으로 인도하는
문은 좁고 협착하여
찾는 이가 적음이니라 (마 7:14).

30cm×75cm

어두운 골짜기 음험한 입속
이제 새삼스러울 것도 없네
겁날 것도 없네.

오히려
더 강해질 뿐
더 담대해질 뿐
더 철이 들 뿐
더 다듬어질 뿐
나를 나 되게 할 뿐
그리하여
주님 형상 닮아갈 뿐.

골짜기 사이로
실 같이 흐르는 물은
더 맑고 깨끗하네.

주님을 감동시킨 풍경

해질녘 들에서 일하던 부부
멀리 들려오는 교회 종소리에
두 손 모아 감사기도 드리네.

어릴 적 미술책에서
보았던 그림 생각나네.

발걸음 잠시 멈추신 주님
감사기도 드리는
부부 모습 바라보시네.

흙냄새 땀에 젖은 부부
경건한 아름다움 충만하네.

산의 아름다움
강의 아름다움
들의 아름다움
노을의 아름다움
녹아드네.

창조의 아름다움
보시기에 심히
좋으신 듯(창 1:31)
주님 눈빛 그윽하네.

90cm×24cm

물그림자

물안개 피어오르는
호수에 비친 산, 나무, 숲
신비하고 순결하다.
평화롭다.

거울이 된 맑은 호수
산, 나무, 숲을 비추인다.
거짓 없이 비추인다.

어디선가 나타난 물벌레 한 마리
물결을 가른다.
호수에 비친 산, 나무, 숲
파문이 인다.

다시 고요해진 호수
위엣 것들을 비추인다.
그 모습 보며 심호흡해본다.

2012. HK

74cm×30cm

주님 말씀에
내 모습, 사람들 모습,
세상이 비쳐진다.

호수에 비친
나무, 숲, 산처럼
신비하지도, 순결하지도
평화롭지도 않다.

악하고 누추하다.
마음에 파문이 인다.
눈을 감는다.
눈을 돌린다.

나
호수에 비친 산, 나무,
숲이고 싶다.
아름답고 순결하고 싶다.

다시
마음 속 깊은 곳
맑고 고요한 평화
깃든다.

바람 부는 언덕

바람이 분다
거센 바람이 불어온다.
나뭇잎들 아우성치고
풀잎들 어지러이 춤춘다.

내 삶에 부는 거센 바람
내 영, 혼, 몸 흔들어 놓는다.

주님은
두려워하지 말라
무서워하지 말라
아파하지 말라
슬퍼하지 말라
낙망하지 말라
하신다.

바람아 불어오렴.
네가 불어와 더욱 더욱
주님 의지하게 해다오.
주님 강한 팔 안에
머물게 해다오.
주님을 더욱 더욱
사랑하게 해다오.

30cm×75cm

주님은

나의 사랑 나의 힘

나의 반석 나의 요새

나를 건지시는 자

나의 하나님 나의 피할 바위

나의 구원의 뿔

나의 산성이시니 (시 18:1 - 2)

바람아 불어라

언덕 위에

두 발 굳게 딛고

너를 맞으리.

내 영혼에 내리는 비

어떤 이에게는 기쁨이 되고
어떤 이에게는 우울한
비가 내린다

어떤 곳은 복이 되고
어떤 곳은 재난 되는
비가 내린다

내 영혼에도 비가 내린다
메마른 내 영혼 깊은 곳에
비가 내린다

빗물이 온몸을 타고 흐른다
영혼 깊은 곳에 스며든다
주님의 부드러운 손
내 어깨에 와 닿는다

30cm×70cm

풍랑 속의 평강

풍랑과 사투를 벌인다
파도가 큰 입을 벌려
혀를 날름거린다
조각배가 위태하다

주님
내가 죽게 된 것
보이지 아니하십니까

가랑잎 같이 요동치는
조각배 속에서 주님
미동도 아니하신다

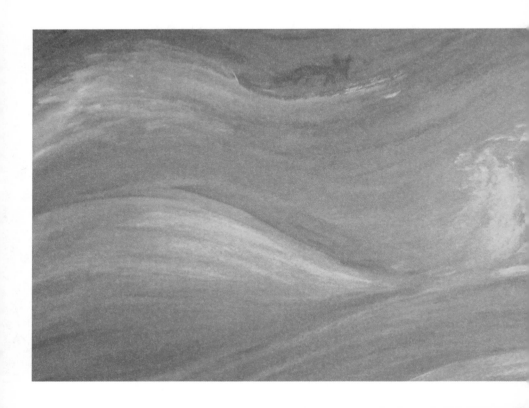

고요하시다
누가 우리 주의 평강을
깨뜨리랴

너는 어찌하여
나의 평강 안에 들어오지 못하느냐
풍랑을 보지 말고
나의 평강 안에 들어오너라

74cm×30cm

마르지 않는 샘물

주님은
사랑하노라 사랑하노라
너를 사랑하노라
너를 위해 죽기까지 하였다
하시나

나는 때로 불안하네
정말 날 사랑하실까
아직도 날 사랑하실까

주님 기대 저버리고
실망시켜드린 내 모습 보시고
날 싫어하지 않으실까
정떨어지지 않으셨을까

너는 언제까지
내 사랑을 의심하려는가
언제나 내 사랑을 믿겠는가

너는 내 사랑을 못 믿어하고
내 사랑이 변할지 모른다고 의심하나
나는 오히려 네 사랑이 염려되는구나

2012.HK

너는 정녕 날 사랑하는가
처음 사랑을 버리지 않았는가
식어지지 않았는가
생각하여 보라

네 사랑은 변할 줄 몰라도
너는 혹 나를 버릴 줄 몰라도
너를 향한 내 사랑은 변하지 않고
마르지 않는 샘물이니라

지친 내 어깨

내 주님은
내 어깨를 감싸
안으시기를
즐겨하십니다.

지치고
힘들 때면 주님은
어느새 슬며시
내 어깨를 감싸
주십니다.

주님이
내 어깨를 감싸
안으시면
지친 내 영혼
지친 내 몸
호수보다
더 맑고
더 깊고
더 고요한
주님 품 안에서
쉼을 얻습니다.

30cm×70cm

2011. HK

오늘따라
지친 내 어깨를
감싸 안으신
주님의 손길이
더욱
다정합니다.

순결한 꽃들보다

산언덕 가득 피어있는
순결한 흰 꽃들도
아름답고 사랑스럽지만
내 주님 더 순결하고
아름다우시며
사랑스러우시네

내 주는
순결하고 아름다운
흰 꽃무리 보시고
사랑스러워하시며
즐거워하시지만
이 못난 나를
더 사랑스러워하시고
즐거워하시네

70cm×40cm

꿀맛 같은 순간

노상 뜨거운 사막길
걷는 것만은 아니네
험한 바다 풍랑과
싸우는 것만은 아니네
비바람 눈보라길
뚫고 가는 것만은 아니네
긴장하고 무장할 때만
있는 건 아니네
입술 악물고 있어야할 때만
있는 건 아니네

높은 산에 올라

심호흡하며

아래 내려다보면서

잠시 쉴 때도 있네

꿀맛 같은 순간도 있네

이런 때도 있네

70cm×40cm

새벽의 씨름

새벽마다 씨름을 한다
하루도 거르지 않고

비바람 몰아치는 새벽에도
천둥소리 울리고
번개 작렬하는 새벽에도
낙엽 뒹구는 스산한 새벽에도
눈보라 사나운 새벽에도
봄꽃 냄새 달착지근한 새벽에도
쉬지 않는다

몸이 아파도
마음이 아파도
긴 어둠의 터널을 걸을 때에도
새벽의 씨름만은 쉬지 않는다

이쯤 되면
씨름선수가 되어있어야 하건만
아직도 난 선수가 되지 못했다

주님은 새벽 씨름 전문가
주님은 씨름 코치시며
씨름 에너지원

오늘 새벽에도
주님께 씨름을 배우며
에너지를 공급받는다

70cm×30cm

청 青
산 山

태고의 신비 간직한
맑고 깨끗한 품
넉넉한 품으로
생명들을 품고 있는 청산

온갖 나무들 꽃들 풀잎들
짐승들 산새들 곤충들
품고 있는 청산

청산 되어
우리를 품고 계신 주님
그 넉넉한 품
맑고 정결한 품
죽은 생명 살아나는 품
생명의 기운을 주시는
주님의 품

2012. HK

70cm×30cm

그 청아한 주의 음성

날 저문 곤한 행로
멧비둘기 한 쌍
다정하게 사랑노래 부르네

꾸꾸루 꾸꾸
꾸꾸루 꾸꾸…

멧비둘기 노랫소리에
주님 사랑노래 부르시네
청아한 주의 음성
울려 퍼지네

내 사랑아
너는 어여쁘고 어여쁘다
네 눈이 비둘기 같구나

나는 사론의 수선화요
골짜기의 백합화로다

나의 사랑 내 어여쁜 자야
일어나서 함께 가자
지면에는 꽃이 피고
새가 노래할 때가 이르렀는데
비둘기의 소리가 우리 땅에
들리는구나

70cm×30cm

사막에서 천국을 걷다

낮에는 지글지글 끓는다
밤에는 뼛속까지 춥다
예고 없이 불뱀과 전갈이 나타난다
수시로 모래바람이 휘몰아친다
자칫하면 모래수렁에 발이 빠진다
사막은 지옥이다

그럼에도 불구하고 사막은 천국이다
낮의 해가 상하지 않게 하시고
밤의 달도 해치지 않게 하시며

졸지도 아니하시고
주무시지도 아니하시며
주님이 지켜 보호하시는 천국이다

내가 사막을 걸어야하는 까닭은
사막을 통과하며
주님을 알아가고 나를 알아가며
불순물이 빠져나가고
정금 같이 되기 위함이다
오늘도 사막에서 천국을 걷는다

90cm×40cm

우리 안식할 곳 어디인가

숨 막히는 광야를 걸을 때도 있다
어두운 골짜기를 지날 때도 있다
험한 산을 오르기도 한다
높은 고개를 넘을 때도 있다
깊은 강을 건너기도 한다
탁류 속을 헤엄치기도 한다
가시덤불을 헤쳐 나가며 찔리고 긁힐 때도 있다
사납게 으르렁거리는 파도와 맞서기도 한다
폭풍우가 몰아치기도 한다
살을 에는 눈보라를 뚫고 나가기도 한다

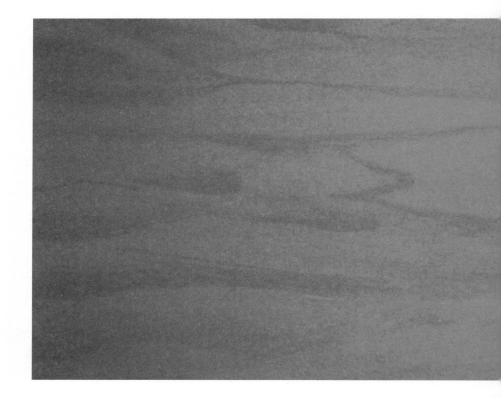

우리 안식할 곳 어디인가

우리 안식할 때 언제인가

안식할 곳이 없다

안식할 때가 없다

주님 품 외에는

주님 품에 기댈 때 외에는

90cm×40cm

감사합니다!

가도 가도 붉은 사막
뜨거운 모래언덕
넘고 또 넘으며
걷고 또 걷는다

휘청거리는 걸음
중심 잃고
주저앉으려는 순간
지친 내 무릎
일으켜주시는 주님

더 이상 못가겠네!
하려던 입에서
나오는 말
감사합니다!

40cm×70cm

철새

핏빛 노을 짙은 하늘
무리지어 질서정연하게
나는 철새들

철새들은 길 잃지 않는다
제 갈길 바르게 알고
날아간다

앞서 가는 대장 철새
한눈팔지 않고 따라간다
날갯죽지 아파도
인내하며 날아간다

길이요 진리요 생명이신
우리 대장 예수 그리스도
앞서가신다

핏빛 노을 짙은 세상
한눈팔기 쉬운 세대
주님 따르기 어려운 세대
철새에게 배워야할 세대

뗏목 위에서

흐르는 강물 위에
물길 따라 유유히
떠내려가는 뗏목 하나

뗏목 위에 몸 싣고
두 팔 베고 누워 하늘을 보는 여유는
주님 함께 하시는 까닭

아 아
주님 안에서 누리는 자유란
이런 것인가

갑자기 흔들리는 뗏목
출렁이는 강물
기우뚱 기우뚱

굴러 떨어져라
굴러 떨어져라
자유는 무슨 자유
이래도 자유냐?

잠잠하고 고요하라
주님 말씀하시니
잠잠해진 뗏목
다시 고요해진 강물

90cm×24cm

더욱 기대어라

가을이
깊어 갑니다.
나뭇잎이 떨어집니다.
나뭇잎이 쌓여갑니다.

낙엽 쌓여갈수록
몸도 마음도
주님께 기울어집니다.
더욱 기울어집니다.

주님은

귀찮게 왜 이러느냐

저만치 떨어져 앉아라

하시지 않습니다.

오히려

좀 더 기대지 않고 무엇 하느냐

더 기대어라

더 기대어라 하십니다.

74cm×30cm

말씀에 힘을 얻어
자꾸자꾸 주님께 기댑니다.
주님께 기대지 않고는
잠시도 혼자 있지 못합니다.
주님 의지하지 않고는
아무것도 할 수 없습니다.
갈수록 갈수록
더욱 더욱 주님께 기댑니다.